Michel HOEFFEL – Cléo A. WIERTZ

Vivre en paix. Un rêve ?

Réflexions et poésies

Éditions du Signe

INTRODUCTION

À mesure que nous avançons dans nos vies, nous nous rendons de plus en plus compte que nous restons à ce point attachés au passé, que nous n'arrivons pas à bien vivre le présent et encore moins à préparer l'avenir. Nous le constatons dans tous les domaines de la vie, qu'il s'agisse de la politique, de l'économie, de la famille ou de la vie spirituelle.

Les élus n'arrivent que rarement à appréhender le présent avec toutes ses exigences et tous ses défis, les syndicalistes s'accrochent désespérément aux droits acquis, les parents veulent reproduire chez leurs enfants l'éducation qu'ils ont eux-mêmes reçue, de nombreux membres de l'Église ainsi que les responsables des institutions ecclésiales s'agrippent aux traditions. Or modeler le présent ne peut pas simplement consister à reproduire le passé. À quoi bon regretter le passé, puisqu'on l'a vécu, puisqu'on a pu jouir de ce qu'un jour il a pu nous donner. Oui, à force de nous enfermer dans ce cercle vicieux de vouloir revivre ce qu'on a déjà vécu, nous ne laissons guère de place à la nouveauté, au jaillissement de l'inattendu.

N'en est-il pas ainsi également lorsqu'il s'agit du rapport entre violence et paix ? En général la violence est considérée comme une fatalité et la paix comme une utopie : de la violence il y en a toujours eu, alors que la paix est tellement fugitive ! Faut-il pour autant toujours se soumettre, toujours être résigné, toujours laisser tomber les bras ?

Puisque la violence reproduit la violence, puisque la règle du œil pour œil, dent pour dent, prédomine, à quoi bon s'obstiner à chercher une autre façon de gérer les rapports entre humains ?

En tout cas, nous (les auteurs) partageons la conviction que, quelles que soient nos références, il est toujours possible d'interrompre ce cercle vicieux, d'ouvrir une brèche vers l'acceptation de l'autre différent, de négocier le rétablissement de relations fraternelles. Nous savons qu'une telle attitude dérange, nous savons que certains font tout pour l'étouffer, mais nous savons aussi que c'est la seule façon de sauver la dignité humaine.

Avec ces quelques réflexions et poésies nous aimerions encourager les lecteurs à s'engager sur la voie de la fraternité humaine. Elles proviennent de deux personnes en dialogue qui ne se connaissent que depuis peu de temps, mais qui d'emblée ont eu le sentiment qu'elles pouvaient s'entendre malgré leurs références différentes, encore que ! Cléo se dit non-croyante, alors que Michel se réfère à la Bible et surtout à Jésus. Mais sont-elles tellement éloignées l'une de l'autre ?

Réflexions et poésies, les deux ne sont possibles qu'en utilisant des mots, des mots par lesquels nous cherchons à communiquer avec qui veut bien nous entendre. Mais ce souci de la communication nous a d'abord amenés à nous écouter l'un l'autre, à nous entendre l'un l'autre, à entendre que l'un pouvait donner écho à l'autre, chacun à sa manière, chacun dans son style et même chacun dans sa langue d'origine.

Les «réflexions» sont toujours ouvertes avec une référence au divin. Les poèmes constituent une autre approche : tout dans notre environnement peut constituer un symbole qui nous fait voir et entrevoir au-delà de ce qui est. Nous vivons dans un monde à la fois clos : tout est périssable et tout a une fin, et infini : au-delà de ce que nous pouvons percevoir il y a un espace sans limites. C'est là que se déroule notre existence avec nos interrogations sur le sens de notre vie et la raison d'être de tout ce qui nous entoure.

Ensemble nous cheminons dans cet univers avec nos regards différents et pourtant complémentaires, chacun avec ses références et pourtant convaincus que chacun peut éclairer l'approche de l'autre.

Michel Hoeffel et Cléo A. Wiertz

PAIX, PAIX !

Je ne réalise que maintenant qu'il ne suffit pas de déclarer que je suis pacifiste pour que la paix surgisse. Prenons l'exemple d'un conflit qui dure depuis des années et qui a l'air de s'envenimer peu à peu, Palestine-Israël, pour nous rendre compte, que malgré la conviction que la violence ne résout aucun problème, en douce j'espère tout de même qu'un des protagonistes l'emporte sur l'autre. La violence entraîne la violence, et dès que l'on en fait usage, on entre dans un cercle vicieux qui n'a que l'escalade pour moteur. En général tout le monde dénonce de tels processus, et nombreux sont ceux qui, et je pense notamment aux grands responsables politiques, ont une attitude ambiguë : tout en s'offusquant, ils ne font rien pour mettre un terme au commerce des armes ; d'un côté on est scandalisé et de l'autre on continue à entretenir le foyer du conflit. Quelle hypocrisie ! Et moi, je me veux pacifiste, c'est ma profonde conviction, ce qui me vaut les railleries et les quolibets parce qu'on me prend pour un rêveur.

De surcroît, que font les religions là-dedans ? Un ami, engagé comme moi dans la démarche de la foi, se demande si un monde sans religion ne serait pas plus pacifiste. Considérant ce qui se passe au Moyen-Orient et ailleurs dans le monde, on peut en effet se demander pourquoi les extrémistes de toutes religions jouent un rôle aussi négatif et destructeur en mettant le feu aux poudres et en attisant les haines et les violences. Ces groupes extrémistes sont tellement violents et destructeurs, tout en prétendant représenter la vraie religion intègre, que pour ma part je leur nie le droit de se réclamer d'une famille religieuse. Leur comportement est tellement éloigné du cœur de la religion dont ils se disent les authentiques représentants que je me permets d'affirmer qu'ils sont loin de tout esprit religieux, puisqu'ils incarnent juste le contraire. Balançant totalement l'esprit de la religion qu'ils prétendent représenter, ils tombent sur le côté de la balance de l'anti-spiritualité.

Pourtant c'est bien du côté de la spiritualité que je tiens à me situer, du côté de ceux qui cherchent à rompre le cercle vicieux de la violence, et non pas du côté de ceux qui alimentent les conflits.

Alors suffit-il de dénoncer les erreurs du passé et de pleurer les victimes trop nombreuses des conflits mondiaux et des conflits dans le monde ? Comment se souvenir de ces monstruosités du passé et quelles leçons en tirer pour l'avenir ? J'ai parfois l'impression avec toutes ces cérémonies du centenaire de la guerre de 14-18, qu'on se contente « d'admirer » les tranchées et les casemates, de pleurer les victimes d'autrefois sans en tirer de vraies leçons pour aujourd'hui et demain. On se souvient du passé en fermant les yeux sur les réalités conflictuelles d'aujourd'hui, tout en affirmant « plus jamais ça », on se fait à des réalités semblables dans beaucoup de parties du monde. Or il s'agit de construire un autre avenir :

Non à la violence et à la guerre !
Oui à la réconciliation et à la paix !

Telle est la raison d'être de ce monument à Munster symbolisant la réconciliation européenne après 39-45 et l'indispensable ouverture des peuples entre eux. Le tout accompagné du propos prometteur pour l'avenir et provenant de la conviction profonde d'Albert Schweitzer : « Respect de la Vie ».

Michel Hoeffel

7. 5. 1945

Les mains de
l'été naissant
façonnent
la mort.

Un champ de coquelicots –
blessure dans la mémoire
qui ne cicatrise
jamais.

Sept années,
effacées dans
le rouge d'une fleur
fanée.

Que veut dire
'survivre'?

Cléo A. Wiertz

MON CHEMIN

Je n'oublierai jamais qu'en classe de philo au Gymnase – c'était en 1959 – j'avais tenu un propos optimiste par rapport aux possibilités de paix. Je ne pouvais pas admettre que les humains puissent être stupides au point qu'ils ne cesseraient jamais de s'agresser. Je me suis fait traiter d'irréaliste et de rêveur. Nous n'étions pas loin de l'horrible guerre mondiale de 39-45 et nous espérions réellement des progrès possibles.

Je me souviens qu'en septembre 1944, j'ai été profondément marqué par le bombardement catastrophique de Strasbourg. Nous entendions dans mon village l'éclatement des bombes sur la ville, et mes parents se sont alors mis en route à bicyclette pour vérifier ce qui a pu se passer. Ils sont revenus avec la mauvaise nouvelle de la mort de Lisbeth Munch, cousine germaine de mon père, et de ses enfants Marie-Louise et Marc, alors que Fritz Munch, le père, se trouvait à ce moment-là avec son fils aîné Ernest à Eckwersheim. Cet événement m'a marqué, et aujourd'hui encore, je l'évoque avec une émotion profonde. Nous nous retrouvions souvent en famille et je n'oublierai jamais la découverte de la cave ultra équipée pour le cas d'un bombardement sous le bâtiment du Conservatoire dans lequel vivait la famille Munch. Trois personnes d'une famille de 5 qui disparaissent ainsi d'un coup ! Et n'est-ce pas ce qui se passe encore aujourd'hui en Syrie ou ailleurs dans le monde ?

Me revient également un souvenir de classe : à un moment donné on m'appelait « Mahaddes », surnom en alsacien en référence à Mahatma Ghandi, le grand pacifiste indien. C'est le fait d'avoir toujours eu des lunettes à verres épais, puisque j'étais myope de naissance, qui m'a valu ce rapprochement, mais sans doute aussi mon aversion pour la violence, car je pense avoir été un jeune en général calme et paisible. Ma myopie – un quart de vue seulement – était telle que j'ai été dispensé de service militaire. Décision que j'ai accueillie avec soulagement en 1958, alors que la plupart de mes camarades d'études ont eu droit dans les années 60 à plus de 2 ans de service dont l'essentiel du temps passé en Algérie. C'était l'époque où l'objection de conscience n'était pas encore reconnue en France, ce qui a amené un de mes amis d'études à se réfugier en Allemagne. Par la suite, alors que Giscard d'Estaing était président de la République et mon frère Daniel membre du gouvernement, j'ai été amené, avec mon ami Marc Brunschweiler, alors seul élu socialiste du Conseil Général du Bas-Rhin, à exprimer, lors d'une conférence de presse, notre soutien à une catégorie d'objecteurs menacés d'emprisonnement. Nous avons d'ailleurs adressé pour cela une lettre ouverte au président de la République. Depuis, la législation française a heureusement évolué, mais demeure le problème permanent de violence et non-violence, guerre et paix. À travers les âges jusqu'à aujourd'hui l'humanité est aux prises avec ce problème, toute notion de progrès s'éloignant toujours à l'horizon. Malgré le commandement fondamental « tu ne tueras point », la Bible est pleine de récits de violences et de massacres, d'exterminations et de mises à mort. D'ailleurs à mesure que j'avance en âge, je me fais à l'idée que décidément la Bible est honnête, elle parle des humains tels qu'ils sont: toujours querelleurs malgré les appels au respect de la vie et à la paix !

C'est dans ce tourbillon que nous nous trouvons toujours et je me demande aujourd'hui plus que jamais, à l'heure qu'il est, le dernier mot sera-t-il du côté des violents ou du côté des pacifistes ? Certes nous vivons en paix en Europe occidentale, et encore, alors que partout dans le monde, et aussi chez nous, la violence éclate. À quoi s'ajoute le fait que notre chère

France est parmi les plus grands producteurs d'armes, pour contribuer à la paix, nous dit-on, mais ces armes sont vendues à n'importe qui, pourvu que l'argent rentre dans nos caisses !

N'y a-t-il donc vraiment pas d'autre évolution possible ? Je reste en tout cas convaincu qu'il me faut rester avec d'autres parmi ceux qui sur la balance mettent du poids du côté de la non-violence et du respect de la vie. Déjà dans les années 60 j'avais lu un petit ouvrage de l'évêque brésilien Dom Hélder Câmara qui avait pour titre *La spirale de la violence*. Jamais la violence ne pourra être une bonne réponse à la violence, même si parfois, comme dans le cas de Hitler et d'autres dictateurs, elle permet de mettre un terme à la folie humaine.

J'arrête ici ma réflexion en évoquant encore le problème d'Israël-Palestine, ce drame à vues humaines sans issue. Les raisons pour l'évoquer sont multiples car je me sens tout simplement concerné par ce qui se passe en terre biblique, au Moyen-Orient, entre Israéliens et Palestiniens, entre juifs, musulmans et chrétiens, entre croyants et non-croyants. Je me sens partie prenante non pas pour soutenir les uns contre les autres, mais pour soutenir de part et d'autre celles et ceux qui fraternisent, qui se respectent mutuellement, qui sont pour une cohabitation pacifique et fraternelle, pour lesquels amour, justice et paix ne sont pas de vains mots, mais des réalités à incarner et à mettre en œuvre. En Afrique du Sud quelques personnalités remarquables ont su mettre un terme au régime de l'apartheid, en Europe le rideau de fer s'est effondré sans effusion de sang, alors pourquoi ne pas espérer un changement radical dans la relation Israël-Palestine ? Violence contre violence est et reste une voie sans issue, mais rien ne peut empêcher l'amour de se frayer son chemin et d'ouvrir la voie de la fraternité et du respect de la vie.

Michel Hoeffel

APPEL

Conte-moi l'amour, toi,
pour un petit instant au moins,
pas le désespoir.

Conte-moi l'espoir, toi,
pour un petit instant au moins,
pas l'indifférence.

Conte-moi la lutte, toi,
pour une vie digne pour tous,
pas seulement les riches.

Contons ensemble
cette lutte, luttons ensemble,
n'oublions jamais

que tout le monde compte
s'il s'agit de mieux conter
l'espoir et l'amour.

Cléo A. Wiertz

APPEL AU « RESPECT DE LA VIE »

Lorsque je parle du monument *Paix* que nous avons édifié en 2015 à Munster, je constate que mes interlocuteurs ne comprennent pas toujours de quoi je parle. Je vais donc une nouvelle fois m'en expliquer.

La France entière est couverte de monuments aux morts qui rappellent le sang versé par d'innombrables jeunes notamment lors des conflits de 14-18 et de 39-45. Il s'agit là de rappels : souvenez-vous de toutes ces vies, souvent bien jeunes, sacrifiées durant ces guerres bien stupides. Invitation donc à nous souvenir de ceux qui ont ainsi dû donner leur vie, et à en tirer les conséquences pour nous-mêmes et pour notre vivre ensemble. Faire mémoire et méditer sur le non-sens de la guerre, c'est peut-être déjà poser la première pierre de l'édifice de la paix.

Mais avec ce monument *Paix*, nous voulons plus mettre l'accent sur l'avenir. Il se veut être appel plus que rappel : appel à un avenir nouveau, à un avenir d'harmonie et de concorde, à un avenir de respect de la vie. Ne restons pas figés sur place et les regards tournés vers le passé, mais ouvrons grands les yeux sur un avenir nouveau à ouvrir et à construire. De toute façon l'avenir est toujours nouveau, il n'a pas été, il n'est pas, mais il vient, et s'il peut venir autrement que ce que nous avons connu jusqu'ici, alors tant mieux, en tout cas nous pouvons contribuer à le construire. Voilà pourquoi nous voulions donner comme titre au petit livre qui a accompagné l'inauguration *Construire la paix*, lui donner forme, *Frieden gestalten*.

C'est bien ce que les pères fondateurs de l'Europe ont eu à cœur, d'où ce rappel avec les 6 lames en bronze des 6 pays fondateurs de l'Europe : construire et non pas simplement laisser venir, encore moins subir, mais être acteurs de ce nouvel avenir. Ce monument ne veut donc pas seulement être un rappel de ce grand tournant pris par les pays européens, mais un appel à contribuer, chacun pour sa part, à un avenir de paix et de justice, de concorde et de fraternité...

Une pierre dressée qui a pour fonction de nous avertir, de nous sensibiliser, de faire de nous des artisans de paix, des adeptes du « respect de la vie » selon cette intuition et conviction fondamentale d'Albert Schweitzer. Car c'est lui qui a mis en relief le concept de « respect de la vie », c'est dans le parc de Munster qui lui est dédié que nous dressons cette pierre : appel au « respect de la vie ».

Michel Hoeffel

HOMO SAPIENS

Le ciel
est hors de ta portée, admets! –
Spoutnik, Apollo, Messenger
ont pu s'en approcher
un peu peut-être,
mais même sur Mars
il y a toujours un ciel plus loin,
plus intouchable –

c'est heureux.
Occupe-toi alors
de ton domaine, la terre.
Il y a de quoi faire encore
pour rendre habitable
cette chère terre. Essaye, toi,
descendant du (soit-disant)
homo sapiens,
de devenir humain!

Cléo A. Wiertz

SCHWEITZER, dès 1915

On ne peut qu'être stupéfait par la lucidité avec laquelle Albert Schweitzer a analysé la situation politique de notre société occidentale dès 1915. Rares sont ceux qui ont dénoncé aussi fortement que lui les méfaits du nationalisme qui a eu des conséquences catastrophiques pour les États d'Europe, dont l'Allemagne et la France qu'il ne nomme qu'une seule fois explicitement. Voici comment il introduit son propos :

« La catastrophe politique qui s'est abattue sur les États d'Europe n'est rien d'autre que la manifestation et la conséquence du processus en cours de la décadence. Mais en même temps elle aggrave et étend ce processus. Les événements ont produit une telle sauvagerie dans les mentalités que nous voici bien en dessous du niveau antérieur qui en avait entraîné l'explosion. »

Que la guerre ait ainsi pu éclater en 1914 n'est, selon A. Schweitzer, qu'une conséquence de « la décadence de notre civilisation ». Et il insistera beaucoup sur la faillite de l'Église et de l'État qui a conduit à cette décadence et qui a notamment produit l'éclosion catastrophique du nationalisme. L'État-nation nationaliste, pour lequel le sentiment national est devenu une fin en soi, « est en somme une régression par rapport aux valeurs de la civilisation, de la raison et de la morale » qui se trouvent ainsi mises à l'arrière-plan. Le conflit de 14-18 est un pur produit de cet engouement pour le nationalisme. En quoi la dévotion pour la nation allemande ou française serait-elle un progrès par rapport à la fraternité universelle construite sur « les principes fondamentaux de justice et d'humanité » ? Cette question n'est-elle pas encore au centre des enjeux politiques actuels qui ont toujours de la peine à faire passer les intérêts globaux de l'humanité avant une vision purement nationale? On peut donc à juste titre se demander qui a pu tirer profit de la guerre de 14-18, alors que de part et d'autre il n'y a eu que des victimes, des dégâts considérables et des souffrances incommensurables.

Lorsque nous pensons aux difficultés que peut actuellement rencontrer la construction européenne et à ces tendances de plus en plus fortes de vouloir se replier chacun sur son territoire en considérant que l'édifice européen est à la racine de tous les maux, on ne peut qu'être frappé encore plus par la lucidité d'Albert Schweitzer dès le début du conflit de 14-18. Il constate entre autre que « ce que l'on prêchait était plus politique que religieux et souvent ne pouvait que faire honte à l'esprit de Jésus ». Il considère « la religion patriotique » comme une régression en ajoutant que « la vraie religion a pour tâche de garder présente dans les esprits l'idée de l'humanité ».

« Garder présente dans les esprits l'idée de l'humanité », voilà une perspective mobilisante pour l'action politique et pour l'engagement des Églises ! C'est bien ce que les initiateurs de la construction européenne avaient présent à l'esprit, et c'est bien ce que nous affirmons en disant que « nous croyons en l'Église universelle ». Or que constatons-nous ? Que les Églises continuent à être éclatées et dispersées, je dirais presque plus que jamais, et que tout effort politique qui s'attache au rassemblement des peuples est contrecarré. Au lieu d'une ouverture grandissante sur les autres parties de l'humanité, c'est la régression du chacun pour soi qui semble vouloir se développer – voyez à quel point l'Europe est considérée comme étant responsable de tout ce qui va mal à l'intérieur de chaque pays ! Et puis les efforts œcuméniques et l'indispensable dialogue interreligieux, voyez combien ils peinent.

Quand nous comporterons-nous, selon l'expression d'Albert Schweitzer, en « citoyens de l'humanité et non en citoyens nationaux ». Qu'en pensez-vous ? Ce que j'en pense, c'est qu'après la catastrophe de 14-18 et l'effondrement total de 39-45, nous avons fort à faire. Trop à faire par rapport à nos vies fragiles et brèves. Et pourtant notre monde a besoin de témoins qui ne se laissent pas impressionner par un défaitisme rampant, mais qui s'engagent pour un avenir de respect mutuel et de fraternité universelle.

Michel Hoeffel

NEUTRE

C'est vrai, il y a beaucoup à critiquer,
nous ne sommes pas d'accord avec tout,
oui on devrait,
mais on ne peut pas toujours,
on aimerait bien, mais
ce n'est pas notre affaire...

Nous n'avons rien à faire là-dedans,
nous ne savons même pas de quoi il s'agit,
nous préférons ne pas nous en mêler,
ce n'est pas notre responsabilité.

Les responsables devraient...
mais bien sûr personne ne fait quelque chose.
Ils sont tous de mèche...
c'est comme ça, on ne peut rien y faire...

D'office quelqu'un devrait...
Nous manquons d'informations...
personne ne nous dit rien et de toute façon
on ne peut rien croire de leur part,
ils veulent juste être réélus...

Les autres n'ont rien dit non plus...
Nous pensions que si les autres ne...
ils auraient pu faire quelque chose...
Chez nous on ne parlait jamais de ça.

Nous n'avons jamais fait comme ça!
Nous avons toujours fait comme ça!

Mais ce sont des faits –
c'est comme ça.

Cléo A. Wiertz

ATTENTION !

L'histoire nous en fournit suffisamment de preuves. C'est sans doute l'indifférence d'un trop grand nombre de personnes qui a permis aux dictatures du siècle passé de se mettre en place, et c'est le manque de vigilance et d'esprit critique qui a laissé se dégrader la situation durant la guerre d'Algérie. Alors ne restons pas sur la touche, blasés et sceptiques, car la vie commune, la vie en société, c'est aussi notre affaire.

Pour la présidence de la République des choix multiples nous sont proposés, en tout cas au premier tour, alors qu'au second il ne restera plus qu'une alternative. Pourvu que nous puissions choisir quelqu'un qui incarne le souci de la justice et de la solidarité, qui soit en mesure d'orienter efficacement le cours de la politique française, qui se soucie vraiment de notre cadre de vie, et qui inscrive avec détermination notre pays dans l'Europe qui se construit et dans le concert des nations. Il n'est pas bon pour l'avenir du monde qu'une seule nation domine tout, il lui faut des contre-pouvoirs. À nous les citoyens de nous exprimer dans ce sens.

Quant aux législatives, il nous faut des élus capables de prendre part à de vrais débats qui ne soient ni démagogues, ni suivistes. Sachons par exemple en tout cas refuser que les candidats fassent de questions aussi graves que celle de l'insécurité et de la violence de simples arguments politiques avec lesquels ils contrent leurs adversaires en laissant croire qu'à eux tout seuls ils disposent de la solution. Nous sommes là face à une situation type qui me fait dire que les politiciens seuls ne peuvent pas résoudre les problèmes. La vie en société dépend d'une multitude d'acteurs puisqu'elle est le fruit d'une multitude d'intervenants, dont nous sommes.

En tout cas j'imagine mal comment nous pourrions opérer nos choix politiques sans qu'interviennent notre enracinement dans le témoignage biblique et notre relation au Christ. Habités par lui, greffés sur lui, nous sommes amenés sans cesse à choisir le moindre mal, en tout cas à donner notre voix à ceux qui se soucient du respect de l'autre, même différent, de l'autre faible et démuni, de l'autre aussi qui n'est pas en mesure de réagir avec le moyen de la parole ou de la réflexion.

Les élections, une chance à saisir par les croyants pour sortir de la sphère du privé et entrer dans la sphère publique. À l'homme qui demandait à Jésus : « Maître, que dois-je faire pour recevoir en partage la vie éternelle ? », Jésus répond en lui racontant la parabole du bon Samaritain, pour lui dire en quelque sorte : « Ne te casse pas la tête, ne cherche pas longuement à discuter pour savoir comment tu pourrais te mettre en règle vis-à-vis de Dieu. Mets la main à la pâte, fais quelque chose pour ton prochain, sois toi-même un prochain pour lui, quel qu'il soit ! »

Alors posons-nous des questions telles que :
Quelle justice anime les candidats et nous ?
Comment la liberté rayonne-t-elle chez les candidats et chez nous ?
Qu'en est-il du respect de l'autre et de notre engagement pour lui ?
Quelle est la marge d'indépendance des candidats vis-à-vis des pouvoirs de l'argent et d'autres puissances, mais aussi quelle est notre marge ?

Les seigneurs et les maîtres n'ont qu'un temps. Il est bon de le leur rappeler et de ne pas l'oublier nous-mêmes afin qu'à travers nos choix et nos engagements, nous sachions à la fois manifester notre impatience quand il le faut, et ne pas perdre de vue la perspective du long terme contenu dans l'annonce du « Royaume des cieux ».

Michel Hoeffel

ENCORE, ET ENCORE…

Encore de la violence, de la cruauté.
Encore de pauvres égarés
qui croient gagner l'éternité en détruisant…

Ne jouons pas leur jeu.
N'ayons pas peur d'aimer,
et de nous battre pour la paix
et pour la liberté – sans armes,
seulement avec la force de notre cœur,
de nos paroles.
NON à la haine, OUI à l'espoir
qu'on puisse un jour vivre ensemble,
tous, sur cette terre, en solidarité,
athées, chrétiens, juifs, musulmans,
hindous, bouddhistes – n'importe.
La seule chose qui compte, c'est :
nous sommes tous humains,
tous frères et sœurs.

Cléo A. Wiertz

LE CHOC DE LA VIOLENCE

Au lendemain de ces horribles tueries parisiennes du 13 novembre 2015, un de mes proches m'a posé au téléphone une simple question : « Toi qui es porteur du souci de la paix, crois-tu qu'un jour nous connaîtrons la paix sur cette terre ? » Je lui ai répondu que je craignais que non, mais que cela ne m'empêchera pas de continuer à militer pour la paix, car si plus personne ne s'engage dans ce sens, l'humanité ira complètement à la dérive ! Ce n'est pas parce que le mal et la violence développés par un grand nombre d'humains se propagent, et par moment prennent de l'ampleur, que celles et ceux qui croient en la vie, qui sont sensibles à la beauté de l'existence et de la nature, devraient se taire et se laisser prendre par le découragement et la lassitude. Tant que nous vivons, nous sommes invités à la vigilance. Les humains sont ainsi faits, ils sont capables du meilleur et du pire, ils peuvent être témoins de la créativité et du charme de nombreux aspects de la vie, comme ils peuvent être source d'anéantissements et de souffrances.

Nous ne pouvons être porteurs de vie et d'espérance sans être en même temps horrifiés par tous les pouvoirs de dégradation et de destruction dont les humains sont capables.

Je ne suis ni rêveur, ni idéaliste, mais je garde espérance, les yeux ouverts sur un avenir toujours à construire et sur un monde qui, un jour, naîtra des cendres du monde présent.

Michel Hoeffel

3 MINUTES SUFFISENT…

- pour cuire un œuf à la coque
- pour écrire un e-mail à un ami
- pour faire un enfant
- pour planter un arbre
- pour dire une prière
- pour descendre des centaines
  d'êtres humains avec une kalachnikov

RÉFLÉCHISSEZ!

Cléo A. Wiertz

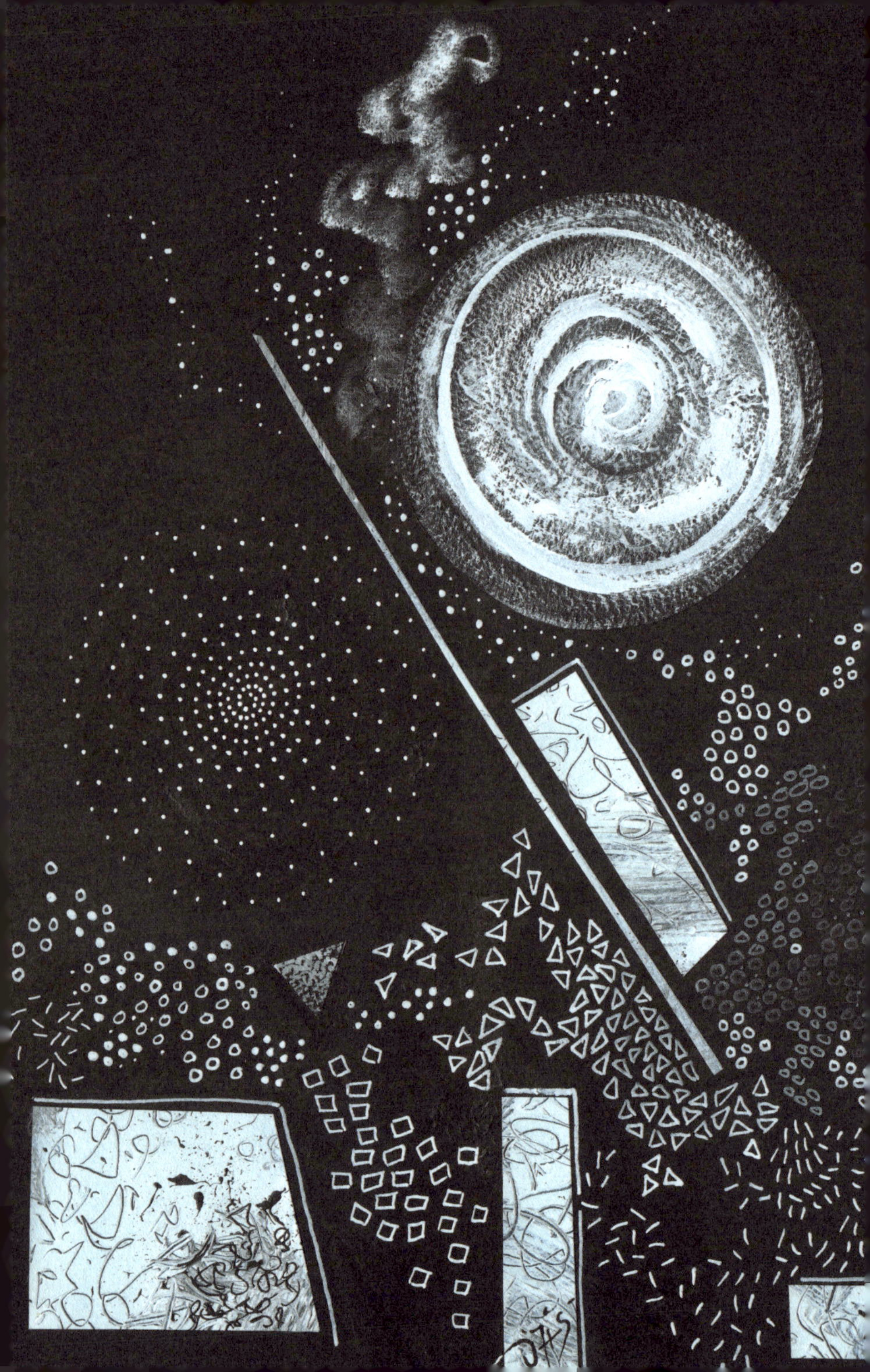

CHOISIR SON CAMP

Le *Nouveau Messager* de septembre-octobre 2015 contient l'interview de Rachid Abi-Khalil, prêtre maronite libanais qui a vécu un moment donné en Alsace. Un de ses propos, sans doute parce qu'il exprime ce que j'ai souvent pensé, m'a particulièrement frappé: « Il faut choisir son camp. C'est indécent de vendre des armes d'un côté et de soigner les blessés de l'autre. » Combien de fois me suis-je dit cela, et combien de mes concitoyens le savent, en prennent note, sans la moindre réaction. Voilà un des scandales criants de notre époque, et comme en d'autres temps, nous savons et nous ne réagissons pas !

Mais comment réagir alors que nous nous sentons totalement impuissants? Certes, nous ne sommes pas aux commandes, mais nous avons contribué à mettre en place des gouvernants qui mènent ce genre de politique et nous profitons « des bienfaits » du commerce des armes, tout en nous apitoyant sur le sort des pauvres victimes et des innombrables réfugiés. Alors sachons clairement dénoncer ces contradictions interminables de nos responsables politiques: combien de temps voulez-vous continuer à donner d'une main ce que vous reprenez de l'autre?

Oui, nous sommes en droit d'exiger de nos représentants qu'ils prennent en compte notre malaise, qui souvent est un désaccord. Mais nous ne pouvons nous limiter à ce genre de réaction par personnes interposées, il nous faut faire usage de nos droits de citoyens qui ne peuvent s'épuiser avec le seul droit de vote, car vivre en démocratie, c'est être conscients que c'est en tant que membres du peuple, membres de la société humaine, que nous sommes concernés. Or, c'est le « vivre ensemble » qui est mal en point, pas seulement à l'intérieur de nos différentes sociétés, mais dans le monde en général. C'est le « vivre ensemble » de la communauté universelle qui est malade, et avec les poussées actuelles de l'immigration nous ne pouvons nous contenter d'un statut d'observateurs, même s'ils sont critiques, mais nous sommes sollicités en tant qu'acteurs, si possible en tant qu'acteurs de réconciliation et de paix. Ce qui veut dire qu'il nous faut dénoncer avec la plus grande détermination possible la contradiction criante mentionnée au début de cette contribution, et mettre tout en œuvre pour que des processus de négociation se mettent en place, car jamais la réponse de la violence à la violence n'a été une solution, alors que la parole empreinte d'écoute et d'attention à l'autre est toujours une promesse.

Michel Hoeffel

SOUHAIT

J'aimerais bien être plus forte,
et ne pas désespérer
face à la haine, à la lâcheté,
à l'autosuffisance bornée.

Je veux me donner la peine
encore et encore
de lever ma voix contre l'inertie -
celle des autres, et la mienne.

La paix, la solidarité
ne sont jamais atteintes, sont
jour après jour à conquérir, et partout.
Sont nécessaires : courage, patience,
tolérance et clairvoyance.

Cléo A. Wiertz

QUEL MONDE !?

« Il ne vous est pas demandé de transformer la Terre en Ciel, mais de tout faire pour qu'elle ne devienne pas un Enfer. »

Ce propos tenu par quelqu'un à la sortie du cataclysme de la 2e guerre mondiale me donne souvent à réfléchir. Nous qui nous appliquons à faire évoluer la société dans le bon sens, à tout mettre en œuvre pour que grandissent la fraternité et le respect mutuel, nous sommes, hélas, obligés de reconnaître que souvent la haine et la discrimination prennent le dessus. Et comble d'errement, ces déviations se revêtent d'habits religieux. Je pense à toutes ces explosions de violence sous couvert de religion que nous avons pu constater en des temps récents ! Nous sommes nombreux à nous demander : comment cela peut-il être possible à l'heure qu'il est ?

C'est avec ce genre d'interrogation que nous allons vers l'avenir. Puissions-nous laisser grandir en nous la détermination à contribuer à ce que le monde ne devienne pas un « Enfer ». N'attendons pas trop de nos gouvernants, ni de lois nouvelles et acceptons de nous engager au profit d'un monde meilleur.

Michel Hoeffel

IMPARDONNABLE

Il n'y a qu'une chose impardonnable:
ne pas avoir l'espoir que ça puisse s'améliorer,
nous et le monde, l'être-ensemble;
ne pas se battre pour ça
en paroles et en actes...
Nous pouvons errer, hésiter,
parfois être trop fatigués et trop lâches aussi –
mais pas cyniquement sans espoir,
non, pas ça.

Tant qu'il y a de la misère,
ne détournons pas les yeux.
Tant que règne la terreur,
ne nous taisons pas.
Le monde (ça veut dire les humains)
ne sera jamais bon,
mais il est là, et nous avec lui,
et nous pouvons devenir meilleurs.
Nous savons tous: ce que nous faisons
ne sera jamais assez.
Est-ce une raison
pour ne pas le faire,
ce petit peu?

Cléo A. Wiertz

DU PASSÉ VERS L'AVENIR

Toute guerre est une guerre fratricide. Le conflit dévastateur de 14-18 nous le rappelle, surtout ici sur cette terre rhénane habitée encore aujourd'hui par un grand nombre de descendants des Francs et des Alamans.

Toute guerre est une guerre fratricide. C'est toujours vrai aussi pour tout éclat de violence entre peuples et à l'intérieur des peuples. Le *monument Paix* à Munster veut nous rappeler que les humains, quelle que soit leur origine, sont inextricablement liés les uns aux autres. Ni l'appartenance à un pays, ni l'origine, ni la langue, ni rien ne nous autorise à mépriser l'autre jusqu'à lui nier le droit d'exister.

Mais rechercher la paix ne consiste pas seulement à viser un état de non-guerre. Il y a, lorsque la paix règne enfin, un avant et un après. Il convient toujours de rechercher les causes profondes de l'explosion de la violence et d'être vigilants par rapport à tout ce qui peut générer tensions et conflits : peur de l'autre, soif de pouvoir, instinct de domination, injustices... phénomènes qui prospèrent souvent grâce à la passivité et à l'indifférence des citoyens. La paix est toujours fragile et se souvenir du passé doit nous inciter à un nouvel avenir.

Une inscription trouvée au-dessus du portail de l'Écomusée de Riga veut nous encourager à aller dans ce sens : « Celui qui étudie le passé bénit l'avenir ». Pas question de nous laisser figer par les horreurs de 14-18 et de 39-45, mais engageons-nous sur la voie d'un avenir autre, qui est celui de la fraternité entre les peuples, du dialogue, de la reconnaissance mutuelle, du respect de la vie des personnes et de leur environnement. La paix ne peut se limiter à celle des cimetières, elle est au prix de nos engagements pour la vie. Elle ne peut être achetée ou produite, elle n'est pas le fruit d'un marché, du grand marché mondial où les uns exploitent les autres, elle est une semence à enfouir inlassablement dans la terre que nous habitons. Alors pourront être récoltés les fruits de tradition comme l'humanisme rhénan et la communion européenne, et des fruits nouveaux comme la prise en compte de la globalité du monde et la fraternité universelle.

Michel Hoeffel

APRÈS LE 13 NOVEMBRE

Un ciel si lourd, si sombre sur Paris,
sur toute la France.
Où en est-on?
À croire qu'avec la violence,
on puisse éradiquer la violence -
mais on se goure,
ça n'a jamais marché.

Nous payons cher, nous tous,
le manque de solidarité,
le manque d'amour
et la bêtise humaine qui veut
que tout soit marchandise,
et qu'il suffise d'être nourri
logé, et habillé
pour être humain.

Où sont nos rêves?
Où sont nos perspectives
de vivre ensemble, en paix,
durablement, et sans détruire
cette terre précieuse sur laquelle
nous ne sommes que des hôtes?

Admettons que nous sommes éphémères,
et que la terre tournera encore longuement
après que nous aurons tous disparu.
La voie lactée ne se souviendra pas de nous,
de notre haine, de notre peur.

Pour le moment, nous sommes encore en vie.
Essayons donc de vivre
debout, et de retrouver nos rêves
d'une vie meilleure pour tous,
pas dans un paradis mythique,
mais sur cette terre -
tant que ça dure, la vie...

Cléo A. Wiertz

LA PAIX FAIT-ELLE PEUR ?

Ce titre, paru récemment dans un magazine allemand, m'a donné à réfléchir. La paix, en tout cas chez certains, ne ferait-elle pas plus peur que la guerre ? C'est en tout cas la question qu'on peut se poser au regard de tous les points chauds du monde actuel : Palestine-Israël, que de drames et de victimes depuis 1967 sans que ceux que l'on appelle « les grands » aient réussi à arrêter l'hémorragie ! L'Irak, après la désastreuse guerre du Golfe, dans quel état a-t-on laissé ce pays ? La Syrie, quel dramatique imbroglio ! Des pays africains avec des effusions sanguines sans fin ! Et maintenant l'Ukraine prise entre deux feux ! Point n'est besoin de compléter de manière exhaustive une liste, pour comprendre de quoi il s'agit. Que font-ils donc, tous ceux qui prétendent être les arbitres de ce monde et qui se présentent comme les artisans de la paix ?

Certes, par-ci, par-là, des progrès ont pu être enregistrés, et nous avons tout lieu d'en être reconnaissants. Cela n'empêche que la question posée garde toute son acuité. Sachant que la violence ne peut qu'engendrer la violence, pourquoi les négociations ne prennent-elles pas plus d'ampleur ? À peine s'est-on engagé sur cette voie que des contre-coups funestes et macabres s'en mêlent (par ex. l'assassinat de Yitzhak Rabin). À quoi vient s'ajouter que les gros marchands d'armes – presque tous des Occidentaux – continuent volontiers à faire leur beurre. Nous sommes soulagés d'être depuis aussi longtemps, en tout cas en Europe occidentale, au bénéfice de la paix, alors qu'en même temps certains de nos pays fabriquent et livrent des armes pour les conflits qui éclatent ailleurs. Effectivement le sentiment que la paix fait peur se fait jour. Alors que ce sont toujours des vies humaines qui sont en jeu, victimes et agresseurs se trouvent au bord du précipice, et pourquoi la vie d'êtres humains qui vivent sous d'autres latitudes aurait-elle moins de prix que la nôtre ?

C'est la paix qui fait plus peur que la guerre, il suffit de regarder la carte du monde pour se rendre compte que nous faisons partie de ces régions du globe qui laissent hypocritement faire et qui de surcroît fournissent aux autres parties de quoi alimenter le feu de la violence.

Michel Hoeffel

QUE SAIS-JE DE LA VIE?

Que sais-je de la vie -
moi qui aurai bientôt 60 ans,
mais qui n'ai jamais vu les corps flasques empilés
de ceux qui sont morts dans l'Holocauste;
jamais les membres tranchés
des garçons Hutu, des filles Tutsi;
jamais les seins découpés des femmes de Smyrne;
jamais des enfants de huit ans, violés
par des bandes de soldats ivres, et jetés;
jamais les brûlures de cigarettes
sur la peau humaine
ou les traces que laissent les électrochocs;
jamais le visage de la fille de Fritzl
au moment où on l'a sortie de la cave...

Que sais-je de la vie –
moi, qui n'ai jamais eu le goût de sang dans la bouche
après avoir reçu le coup de poing d'un homme ;
qui n'ai jamais dû me laver pendant des heures,
désespérément, pour oublier
la puanteur du viol;
qui n'ai jamais dû vomir pour me débarrasser
du sperme d'un mari ivre...

Que sais-je de la vie –
moi, qui n'ai jamais entendu crier des humains
agonisants sous un ciel de plomb,
sous des couvertures sales et mitées,
sous le poids insupportable
de l'indifférence...

Comme tout le monde
j'ai regardé les nouvelles à la télé,
j'ai lu les témoignages,
j'ai écouté quelques interviews.
Comme tout le monde
j'étais indignée.

Comme tout le monde
j'ai dîné, peu après, avec de l'appétit,
j'ai jardiné un peu, j'ai fait une promenade en forêt
ou j'ai écrit de beaux poèmes
sur l'amour, sur la tendresse…

Qu'est-ce que ça prouve ?
Qu'évidemment les illusions sont coriaces,

et qu'il est très facile de se distancier des victimes
qui heureusement se trouvent ailleurs ;
et des coupables –
heureusement ce n'est pas nous, pas moi.
Quoi d'autre ?

Que l'humain (homme et femme)
est meurtrier, nous le savons tous.
Mais personne ne veut vraiment le croire
jusqu'au moment décisif où il se trouve
devant ou derrière le canon, selon.

Cléo A. Wiertz

LA GUERRE D'ALGÉRIE

Lorsqu'en 1960 j'ai débuté mes activités pastorales à Lembach, la France se trouvait en plein dans les démêlés avec l'Algérie. Pudiquement on parlait alors des « événements » d'Algérie, alors qu'il s'agissait bel et bien d'une guerre : un pays occupé par les Français depuis le siècle précédent cherchait à se libérer du joug colonial. Le malaise allait grandissant au point que le gouvernement français s'est trouvé contraint d'intervenir militairement. Sur le terrain se trouvaient donc des forces qui développaient peu à peu ce qu'on pourrait appeler une guérilla que l'armée française cherchait vainement à mater et à écraser. C'est ainsi que les événements se sont peu à peu mutés en guerre qui a pris une ampleur telle que l'armée régulière ne pouvait plus répondre seule aux besoins de troupes, ce qui a obligé les commandements militaires à avoir recours à des forces supplémentaires sous la forme de « rappelés ». Ces derniers faisaient partie des années de recrutement qui précédaient la mienne, alors que mes camarades de classe, arrivés à la fin de leur sursis, se trouvaient incorporés également. Moi-même, en raison de ma forte myopie, j'avais été dispensé de service militaire.

Me voilà donc en paroisse et la plupart de mes condisciples quelque part en Algérie. Certains y sont restés jusqu'à 28 mois, alors que le service normal ne durait que 18 mois, ce fut le cas d'Émile, fils unique d'une pauvre veuve, qui se trouva pendant la presque totalité de son service militaire dans le sud algérien. Nous tentions de nous informer le mieux possible sur les événements malgré la censure permanente de la presse et la surveillance des courriers. Rares étaient les articles qui donnaient des informations non conformes à la tendance officielle. Et moi, jeune pasteur, comment allais-je pouvoir me situer ouvertement par rapport à une situation à la fois complexe et ambiguë ? Le FLN (Front de Libération Nationale) employait des moyens sournois et violents, et l'armée se servait de la torture et des moyens techniques pour écraser la révolte. Une fois de plus, le constat que la violence ne peut qu'engendrer la violence s'avérait d'actualité et ceci quel que fût le premier à engager les hostilités. Où se trouvait la cause première, qui fallait-il condamner et de qui prendre le parti ? Et à quoi l'évangile nous engageait-il ?

J'avoue avoir été timoré et ne pas avoir su où me situer. D'ailleurs la moindre allusion publique pouvait susciter des remarques et la réprobation, et la presse ne manquait pas de se faire l'écho des ennuis que tel pasteur (je pense à Étienne Mathiot) ou telle autre personnalité pouvait connaître. En somme une atmosphère de surveillance permanente et de suspicion, de quoi vous intimider et vous pousser à la réserve. Tel fut en tout cas mon comportement aux tout débuts de mon ministère, pendant que mes condisciples faisaient leur « service » en Algérie. J'ai beau avoir des regrets maintenant, je me sentais seul et inexpérimenté et personne dans mon entourage ne m'aurait encouragé à me comporter autrement.

Nous entendions bien parler de la pratique de la torture utilisée par l'armée française, pratique, me semble-t-il, condamnable à tout point de vue. Comme un jeune se trouvait pour une brève période en permission à Lembach, j'ai pensé bien faire en l'invitant à la soirée du groupe de jeunes. Après son témoignage, je pensais pouvoir ouvrir le débat, mais je ne m'attendais nullement à un parti pris de sa part en faveur de la torture. Cet épisode m'a refroidi et jusqu'à aujourd'hui la pratique de la torture, toujours pas avouée ouvertement, reste une page sombre dans l'histoire de notre pays, comme bien d'autres faits liés à la guerre d'Algérie.

À cette époque-là, je lisais et étudiais des ouvrages du pasteur D. Bonhoeffer, résistant allemand bien connu au régime nazi. Je pense notamment à *Nachfolge* (*Vivre en disciple. Le prix de la grâce*) et à *De la vie communautaire*, mais aussi à *Résistance et Soumission*. J'étais impressionné par le courage et la lucidité de ce pasteur-théologien qui a payé son engagement au prix de sa vie, alors que moi j'étais hésitant et tâtonnant par rapport aux événements d'Algérie. Comment être clairvoyant et refuser tout compromis lorsqu'il s'agit de l'actualité, et d'une actualité proche ? Cette question m'a accompagné tout au long de mon ministère.

En repensant maintenant à ces années déjà lointaines, je me dis qu'elles ne sont pas lointaines pour tout le monde, puisque ceux qui en ont vécu le traumatisme souffrent jusqu'à aujourd'hui des marques profondes laissées par ces événements douloureux et violents. Il y a des traces qui ne s'oublient pas, et comment en parler à des gens qui n'en ont qu'un souvenir lointain et vague ? La violence laisse des traces profondes hier comme aujourd'hui.

Michel Hoeffel

VIVRE

Que faire face à la violence?
Vivre, en solidarité.
Que faire face à la terreur?
Vivre, sans peur.
Que faire face à l'intégrisme?
Vivre, les bras ouverts aux autres.
Que faire face à la mort?
Vivre, juste vivre…

Cléo A. Wiertz

LE NON-SENS DE LA GUERRE

Un constat comme celui-ci n'était pas rare au moment de la guerre de 14-18 : « Deux fils d'une même famille qui combattent dans les armées allemandes, appelés par la conscription, et un autre qui s'est évadé pour rejoindre les Français. » Ce simple fait résume à lui seul la tragédie alsacienne et lorraine et révèle l'horreur de la guerre. Toute guerre issue d'un conflit mal réglé est une horreur, non seulement lorsque des frères d'une même famille se trouvent face à face, mais simplement lorsque des humains s'en prennent les uns aux autres.

Lorsque je pense aux atrocités commises notamment en 14-15 dans la vallée de Munster et sur ses hauteurs, comment arriver à faire la part des choses : qui était l'ennemi de qui, où se trouvaient les Allemands et où les Français, et la population civile, était-elle allemande ou française, ou tout simplement alsacienne ? Certains étaient évacués de l'autre côté des Vosges, d'autres dispersés à Colmar et bien au-delà dans la plaine du Rhin. Et qui n'était pas d'abord un authentique habitant de la vallée de Munster sans se préoccuper d'un patriotisme bleu-blanc-rouge, ou noir-rouge-or/noir-blanc-rouge ? J'ai envie de dire qu'ils étaient d'abord des Rhénans, des bénéficiaires de la double culture tout en étant enracinés profondément dans la culture germanique. Pourquoi en aurions-nous aujourd'hui honte ? J'ai le sentiment que les deux conflits mondiaux ont fait à cet égard des dégâts considérables. Chaque fois il y a eu les réactions et les contre-réactions, et chaque fois les générations précédentes ont mis du temps à s'en remettre. Avons-nous maintenant enfin surmonté tous ces contre-coups ? Je n'en suis pas sûr, car dès que nous cherchons à préciser ce qui caractérise avant tout les habitants de la plaine du Rhin, nous tombons sur des désaccords. Faut-il nostalgiquement nous attacher à la langue alsacienne ? Ne vaudrait-il pas mieux privilégier à côté du français, la langue allemande ? L'Alsace et ses cités sont avant tout caractérisées par la cohabitation de 2 langues, de 2 cultures, de 2 styles architecturaux... C'est là notre richesse, notre caractère particulier auquel nous devrions tenir comme à la prunelle de nos yeux, en tout cas que rien ni personne ne devrait nous ravir, encore moins anéantir. Elle a été stupide, et elle l'est toujours, cette façon de nous opposer les uns aux autres, et le non-sens des guerres n'y a rien arrangé, bien au contraire.

Michel Hoeffel

QUI SÈME LA HAINE, RÉCOLTE LA HAINE

Y'en a qui forgent des armes –
Nous forgeons des outils.

Y'en a qui veulent être chef –
Nous voulons être amis.

Qui sème la haine, récolte la haine.
Qui sème la haine, récolte la haine.

Y'en a qui crient à la guerre –
Nous conservons la paix.

Y'en a qui tapent dessus –
Nous discutons du vrai.

Qui sème la haine, récolte la haine.
Qui sème la haine, récolte la haine.

Y'en a qui cherchent la bagarre –
Nous ne voulons pas d'galères.

Y'en a qui restent à part –
Nous restons solidaires.

Qui sème la haine, récolte la haine.
Qui sème la haine, récolte la haine.

Y'en a qui la ferment –
Nous, nous voulons l'ouvrir !

Y'en a qui ont trop peur –
nous ne laissons personne périr !

Qui sème la haine, récolte la haine.
Qui sème la haine, récolte la haine.

Y'en a qui ne veulent pas voir –
Nous voyons ton visage.

Comme tout le monde tu comptes –
donc montre ton visage !

Qui sème la haine, récolte la haine.
Qui sème la haine, récolte la haine.

Alors, semons la paix.

Cléo A. Wiertz

BRUIT ET SILENCE

Une phrase de Gandhi citée par J-Cl. Guillebaud dans son petit ouvrage intitulé *Une autre vie est possible* a déclenché en moi un certain nombre de réflexions : « Un arbre qui tombe fait beaucoup de bruit, une forêt qui germe ne s'entend pas. ». Je la reçois en relation avec la guerre de 14-18 et de toutes les commémorations mises sur pied à l'occasion de son centenaire.

« L'arbre qui tombe » me fait penser à 14-18 et toutes les horreurs avec une hécatombe sans pareille jusque-là. Cet arbre qui tombe a fait tellement de bruit que les ondes sonores continuent à vibrer à travers une masse de films et d'ouvrages qui souvent empêchent de voir la forêt qui germe. On nous montre les tranchées et les terribles face-à-face mortels, on se souvient avec des sentiments d'héroïsme mêlés de honte comme si l'Histoire s'était arrêtée et que l'avenir était bouché. Oui l'arbre est tombé avec un bruit monumental au point que nous risquons d'être frappés de surdité par rapport à la forêt qui germe. Or, que nous soyons là bien vivants est bien la preuve que l'avenir n'est pas bouché ! À nous d'en faire quelque chose de constructif qui exprime qu'« une autre vie est possible ».

À force de regarder en arrière nous risquons d'être figés et de ne plus avoir le courage d'envisager un autre avenir. Choqués par le bruit de l'arbre qui tombe, nous avons de la peine à percevoir les germes d'un nouvel avenir à construire. Lorsque je pense aux deux grandes figures pacifistes que sont Gandhi et M.-L. King, qui ont payé leur engagement au prix de leur vie, je devine que certains peuvent mettre en doute l'utilité d'un tel engagement qui leur paraît vain, alors que d'autres, dont moi, constatent qu'aujourd'hui encore et pour bien longtemps nous parlons d'eux. Même la violence n'a pas pu étouffer ce germe de vie qui nous accompagne et qui attend que nous en prenions soin.

Michel Hoeffel

TOI, PARTICULE

Tu vois le bleu, le soleil, les nuages,
et la nuit, la lune, les astres.
C'est déjà merveilleux.
Que veux-tu de plus?
Toi, particule infime,
qui se prend tellement au sérieux,
calme-toi, en regardant le ciel,
cette immensité.
Toi, particule, en tant que particule
tu n'as pas d'importance.
Mais néanmoins tu participes
à ce que toute cette beauté existe
et qu'elle triomphe...

Cléo A. Wiertz

EN ROUTE VERS LA SYMPATHIE

Le mal. Il sévit autour de nous et il est à l'oeuvre en nous. Au point que la lutte contre lui peut nous décourager, voire même nous faire perdre tout espoir de changer quoi que ce soit.

Le mal. Autour de nous et en nous. Il nous est plus facile de le constater chez les autres et dans la société, que d'en prendre conscience par rapport à nous-mêmes. Les sociétés anciennes se rendaient bien compte qu'il découlait de l'être humain, c'est pourquoi tout au long de l'histoire biblique par exemple, et de siècle en siècle, nous retrouvons cette conviction qu'il suffit de supprimer tel ou tel individu pour extirper le mal. Mais quelle illusion, car vous jetez le mal par la porte, il revient par la fenêtre !

N'en était-il pas également ainsi de toutes les guerres ? À peine avait-on l'impression qu'ici elle prenait fin, qu'ailleurs elle reprenait de plus belle. De quoi se décourager et désespérer. C'est bien ainsi que les choses se sont passées au siècle dernier en Europe. Fatou Diome dira à ce sujet dans son roman *Impossible de grandir*: « 14-18, 39-45, même la terre n'en pouvait plus de gober les morts, ont raconté les anciens qui ne souhaitaient que la paix à leurs descendants. La leçon semble perdue. Comme si le besoin de creuser des tombes était plus impérieux que le désir de paix, on a ajouté tant d'autres cimetières. Toujours les guerres succèdent aux guerres, comme si un ogre tapi sous nos pieds réclamait, sans cesse, sa ration de cadavres. Les fanatismes naissent de la même déraison, se nourrissent mutuellement et remplissent les fosses pareillement. Malgré les siècles de quête de lumière, les ténèbres demeurent et ne cessent de rattraper l'Homme, le détournant régulièrement du beau cap fixé par les grands humanistes. Tant que la mitraille sera plus éloquente que le verbe, la paix restera un vœu pieux » (p. 320).

Quel constat dressé par une Strasbourgeoise d'origine sénégalaise ! Je ne peux qu'y souscrire, en tant qu'Alsacien issu d'une famille qui a connu et vécu ces deux drames. Et pourtant je me situe du côté de l'objectif formulé récemment par un journaliste et qui consiste à « contribuer à l'avènement du meilleur en récusant la fatalité du pire ».*

Je sais que le mal, qu'il soit individuel ou collectif, ne se laisse pas éradiquer d'un simple tour de main ou de propos bienveillants, même de grands humanistes, mais je préfère être du côté de ceux qui mettent le poids du côté du bien de la balance, plutôt que du côté du mal, et à partir de là, je continuerai à essayer d'entraîner d'autres, jeunes ou vieux, sur la voie d'une fraternité respectueuse et d'une cohabitation au-delà de toutes les limites que les humains veulent toujours placer.

L'éternel problème du mal demeure, mais paix et fraternité sont indispensables à la survie de l'humanité, et je dirais même à celle du monde. Avec Dany-Robert Dufour je pense qu'il nous faut passer des « égoïstes grégaires à des individus enfin sympathiques », et à la fraternité universelle. De telles convictions demandent à être cultivées et nourries, et les deux mémoriaux en vallée de Munster ne veulent que modestement encourager et soutenir cette perspective.

Michel Hoeffel

** C'est bien ce que nous voulons exprimer en 2015, dans la vallée de Munster, année du centenaire de la bataille de Metzeral, mais aussi année du cinquantenaire de la mort du Prix Nobel de la Paix Albert Schweitzer, par l'implantation d'un mémorial sur les hauteurs qui exprime le NON à la violence et à la guerre, et d'un monument à Munster même dédié à la réconciliation et à la paix.*

ACCUEIL

Des regards vides te suivent quand tu passes.
Des regards hostiles te percent le cœur, et parfois ça gueule:
« Pourquoi t'es venu dans notre pays? » - « Pour survivre. »
« T'es déjà mort. » - « Pour construire un avenir. »
« Tu rigoles? Casse-toi. »

Ici il n'y a pas d'avenir - sauf pour les autres,
ceux de souche qui s'accrochent à leurs petits privilèges...
Ou encore, si tu étais riche, ou célèbre,
ça se passerait certainement mieux pour toi,
même ici. Dans les grands hôtels
on est tout à fait « égalitaire »!

Ne viens pas ici, mon ami l'étranger, ne viens pas ici,
la vie est plus dure que tu pourrais t'imaginer.
On est riche ici, tu sais, et tu ne possèdes
que ton chagrin, ta peur.
Tu n'es pas d'accord,
tu me dis, parce que tu es plein d'espoir, de bonne volonté?
Tu crois que les gens d'ici te croiront?
Petit rêveur, ne viens pas ici.

Va ailleurs, dans un autre pays, un pays pauvre,
là peut-être on t'accueillera comme dans l'Écriture,
là peut-être qu'on t'ouvrira la porte,
qu'on te fera entrer en souriant, qu'on t'offrira du lait,
du pain, et de l'eau pour te laver.

Ici, même l'eau coûte cher, et c'est plutôt
pour arroser les beaux jardins que pour toi, pour boire...

Cléo A. Wiertz

« TOUTE VIE AUTHENTIQUE EST RENCONTRE »

Je n'ai trouvé que tout à fait récemment cette phrase de Martin Buber qui me touche beaucoup, car il me semble qu'elle résume tout ce que j'ai tenté de vivre, ou plutôt tout ce qu'il m'a été donné de vivre. Et il a fallu que j'atteigne l'âge de 80 ans pour vraiment en prendre conscience !

Martin Buber, c'est un nom que j'ai souvent trouvé tout au long de ma vie pastorale, soit que je l'aie retrouvé lors de mes différentes lectures, soit que je l'aie entendu citer par tel ou tel orateur. Il apparaissait toujours dans des contextes qui m'ont fait penser qu'il s'agissait d'un théologien protestant, et voilà que je découvre qu'il s'agit d'un grand penseur juif du siècle dernier. Je me suis alors précipité pour acquérir l'ouvrage que Dominique Bourel lui a consacré en 2015 : *Martin Buber, sentinelle de l'humanité*. J'y trouve toute l'histoire tragique de la communauté juive en Europe, notamment centrale et orientale, et puis surtout occidentale, les origines de ce qui va devenir l'État d'Israël avec le drame d'une cohabitation à rebondissements multiples entre Palestiniens et Israéliens.

Mais arrêtons-nous un peu à une réflexion centrale de notre illustre penseur du 20e siècle, et qui tourne autour du *Je* et du *Tu* qui a accompagné Martin Buber tout au long de son existence. Avec lui je ne peux comprendre ma vie dans toutes ses dimensions que lorsque je prends vraiment en compte qu'elle n'est pas un simple en soi, mais qu'elle est une réalité dialogale : sans vis-à-vis pas d'existence.

En tout cas c'est ainsi qu'il m'a été donné de vivre : relation au départ avec ma mère, avec mes parents et mes frères et sœur, avec l'environnement villageois et scolaire, enfin avec ma partenaire conjugale et familiale, sans passer sous silence mon parcours professionnel riche et varié notamment du point de vue des relations et des rencontres. Mais toute cette abondance de vie ne prend vraiment son sens profond que grâce à cette relation avec le tout Autre indéfinissable, sur lequel nul ne peut mettre la main : que je le veuille ou non il est présent dans ma vie, il donne sens et orientation à mon existence humaine. C'est lorsque je renonce à cette ouverture à l'Autre, à la spiritualité, au « tu » qui prend pour moi le nom de Dieu, mais d'un divin dont je ne peux m'emparer, que ma vie risque de sombrer dans le matérialisme et dans la survalorisation du moi. Car dès lors que je place le « moi » au centre, c'est la porte ouverte à toutes les déviations qui peuvent aller de l'égocentrisme à tout prix jusqu'au fascisme. S'il n'y a plus que le « moi » replié sur lui-même, je m'étouffe et risque d'écraser tout ce qui est autour de moi.

Alors comment intégrer au mieux la signification de ce « *je* » et « *tu* » pour moi et pour celles et ceux qui vivent dans mon entourage ? En tout cas en laissant clairement apparaître que ma vie n'est vraiment parlante que lorsqu'elle apparaît comme étant ouverte à toutes les dimensions de l'existence, de l'infini au plus proche.

Oui, « toute vie authentique est rencontre », ce qui m'amène à redire cette parole tirée de l'évangile : « Ouvre-toi ! ».

Michel Hoeffel

VILLE DE MES RÊVES

Verte elle doit être, la ville,
pleine d'arbres, de jardins suspendus,
de puits, de cascades et de lacs.

Belle elle doit être, la ville,
avec maisons colorées et des balcons,
avec terrasses et places pleines de vie.

Tranquille elle doit être, la ville,
avec zones de silence et coins très calmes,
aux bancs pour rêver et se reposer.

Douce elle doit être, la ville,
avec hommes et femmes qui écoutent,
qui sont prêts à parler et à donner.

Audacieuse elle doit être, la ville,
avec originaux qui pensent de travers,
avec projets fous et idées non reçues.

Fière elle doit être, la ville,
de ses politiciens et de ses gérants,
qui parlent vrai, et rien d'autre.

Elle doit avoir un grand cœur, la ville,
pour les faibles, les étrangers et tous ceux
qui ne veulent pas la guerre, mais la paix.

Bonne elle doit être, la ville,
pour tous ses citoyens, pas seulement les riches.
Chaque enfant doit avoir sa chance.

Juste elle doit être, la ville,
avec ses citoyens et avec ses hôtes,
en commerce et en droit commun.

Dure elle doit être, la ville,
avec les fraudeurs et les profiteurs,
avec les semeurs de terreur.

Qu'elle ne soit jamais finie, la ville,
pour que tout le monde puisse contribuer,
et payer son écot à l'ensemble.

Elle doit devenir réelle, cette ville,
et elle va l'être si on s'y met –
tous ensemble, et chacun pour sa part.

Cléo A. Wiertz

RESPECT – ACHTUNG

Prendre en considération la totalité de la création

Suite à toutes mes réflexions sur le thème de la paix, il me semble indispensable de souligner d'emblée que nous les humains, nous sommes partie intégrante de la création. Nous avons tellement pris l'habitude de nous mettre à part, de nous placer en quelque sorte hors de la création, de nous placer au-dessus d'elle selon l'instruction donnée en Genèse 1, 28 :

« Soyez féconds, multipliez, emplissez la terre et soumettez-la ; dominez sur les poissons de la mer, les oiseaux du ciel et tous les animaux qui rampent sur la terre. » J'ai l'impression que cette conception des choses est profondément ancrée en nous : nous et le monde, nous et le reste de la création, qu'il s'agisse du monde animal ou végétal ou de l'univers en général. Nous nous attribuons une place à part alors que nous ne sommes qu'une pièce dans l'ensemble du puzzle de la création, même si nous avons là-dedans une responsabilité particulière.

1. Le fait de l'interdépendance

Il est bon de nous laisser rappeler qu'en tant qu'humains, nous ne sommes qu'un fil dans l'ensemble du tissage de la vie, la vie s'exprimant à travers tout un enchevêtrement de fils liés les uns aux autres. Au cours des âges, nous avons malheureusement trop perdu de vue cette réalité de l'interdépendance, le siècle des lumières ayant fait de nous des êtres éclairés qui s'attribuent une place à part, et la révolution industrielle nous ayant permis d'exploiter et même de surexploiter le monde. Tout cela avec la « bénédiction » d'interprétations unilatérales et déformantes de textes bibliques comme celui de Gen.1, 28, avec lesquels l'exploitation du monde créé a trop longtemps été cautionnée. Nous sommes d'ailleurs en train d'atteindre un nouveau sommet de ce que le génie humain peut imaginer, je pense à la démultiplication des produits financiers au profit de quelques-uns seulement et au détriment de la grande masse des humains.

2. Les pauvres trop souvent passés sous silence

Nous ne respectons pas plus notre cadre de vie, notre environnement, que nous ne respectons par exemple l'existence des pauvres dans ce monde. À part quelques exceptions, le comportement des humains vis-à-vis de la globalité de la création n'est pas plus aimable que celui qu'ils ont vis-à-vis des pauvres. Nous pouvons quotidiennement faire ce constat, et que les grandes conférences mondiales sur les problèmes d'environnement, comme par exemple celle de Copenhague et même celle de Paris, ne débouchent guère sur des décisions qu'il serait urgent de prendre, ne peut plus nous étonner, malheureusement ! Et pendant ce temps, notre terre nourricière est triste et pleure parce qu'elle attend vainement notre compassion. Nous finissons par perdre de vue que, compatir avec la création, c'est en fait aussi compatir avec nous-mêmes, partie intégrante de cette création. Il en est de même avec la grande masse des pauvres qui vivent ou ne peuvent pas vivre sur cette terre. Ils sont majoritaires, alors pourquoi les prenons-nous si peu en compte dans nos préoccupations et surtout dans nos options prioritaires ?

3. Passer de l'évocation à l'action

C'est la lecture de l'ouvrage passionnant de Jim Wallis *Die Seele der Politik (original: The Soul of Politics)* qui m'amène à faire ce parallèle : vie et cadre de vie sont si étroitement liés et sont si peu considérés comme des problèmes majeurs. Les évoquer, c'est immédiatement être considéré comme un pessimiste et un catastrophiste. Or, leur évocation seule ne suffit pas. Ces faits devraient nous ébranler, provoquer notre retournement, notre conversion, mettre notre transformation en route. La majorité des pauvres ne doit pas plus nous laisser indifférents, que la continuelle dégradation de notre cadre de vie ne peut nous laisser indifférents ! Mais, je le redis, la seule évocation de ces problèmes ne suffit pas, il faut que nous acceptions – nous et nos entourages – de passer de l'évocation à l'action ! Et ce changement, ce retournement se fait lorsque de plus en plus de personnes passent d'une éthique de l'exploitation à une éthique de la conservation, de l'éthique du profit et de la croissance à celle de la modération et de l'équilibre.

4. Le problème éthique majeur

Lorsque récemment j'ai pu préciser pour quelles raisons je me sentais plus proche d'une gestion politique de gauche que de droite, en soulignant qu'il nous faut veiller à une meilleure prise en compte des problèmes sociaux, en développant une plus grande solidarité, je me suis fait répliquer qu'on ne peut distribuer que ce que l'on a d'abord produit. D'accord, mais que font les grandes entreprises de leurs bénéfices ? À qui les bénéfices sont-ils d'abord distribués ? « Travaillez plus pour... partager mieux », ai-je un jour lu comme slogan dans *Marianne*. C'est là que ça coince, d'ailleurs sous tous les régimes politiques, et c'est la raison principale pour laquelle les grosses entreprises continuent à considérer la prise en compte des problèmes environnementaux comme une menace pour les profits. Les grandes surfaces se contentent de modifier le langage de leur pub et d'arranger les étiquettes, tout en maintenant leurs pratiques commerciales. La vraie prise de conscience demande encore du temps, et j'ajoute sans doute trop de temps ! Ce qui m'amène à me demander, et à vous demander, si une éthique de la conservation, de la protection de l'environnement, nous paraît suffisante. Seulement viser la conservation ou la protection, c'est en quelque sorte nous situer en dehors de la création comme des observateurs, alors que nous sommes, je crois l'avoir suffisamment souligné, partie intégrante, nous sommes étroitement liés à la création, nous existons en interdépendance. Il nous faut donc mettre l'accent sur une éthique de la relation avec l'environnement. Passer de l'idée de la simple protection à celle de la relation, voilà qui me paraît essentiel. Ce qui reste encore des populations aborigènes d'Australie ou d'ailleurs peut nous faire méditer là-dessus plus profondément. Nous devrions d'ailleurs beaucoup plus prendre en compte le vécu et les expériences de ces populations, comme des populations ultra-pauvres de notre monde, que nous avons trop tendance à considérer avec une certaine condescendance comme des populations primitives, alors que par notre mode de vie nous nous sommes trop distancés, selon l'expression de Pierre Rabhi, de la terre-mère et nourricière que ces populations veulent et peuvent nous mettre à cœur. Voilà ce qu'il nous faut entendre par éthique de la relation qui exprime quelque chose de plus profond que la simple éthique de la conservation ou de la protection.

Je cite Pierre Rabhi dans son livre *Du Sahara aux Cévennes* aux pages 244 et 245 :

« Mon rôle n'est plus celui d'un simple agriculteur, car je n'ai pas seulement à provoquer des effets ponctuels, mais à participer à un vaste mouvement de restauration ou de maintien de la santé de la terre nourricière. Telle doit être ma préoccupation majeure. Les bienfaits que je récolte sont la juste et heureuse conséquence de mon dévouement au principe. Tout cela s'est vérifié concrètement car, depuis douze ans que je pratique l'agriculture organique, j'ai fait des constats qui me donnent des joies profondes et durables. La terre sèche, revêche, presque inhospitalière, lourde à la charrue, qui est nôtre, devient peu à peu sereine, affable, attentive à nos sollicitations. Elle s'ouvre de bonne grâce lorsque le fer la fouille, garde sa souplesse sous le pas, se dilate de ses innombrables petites cavités pour absorber l'eau et inspirer l'air. Elle brunit de fécondité. Il m'a fallu des années pour commencer, comme les primitifs, à ressentir ce lien fondamental avec une réalité dont les modernes sont tragiquement privés. Il ne s'agit pas ici de je ne sais quelle religion. Je me suis toujours méfié des délires mystiques vers lesquels peut conduire l'insurrection contre le matérialisme. On trouve de plus en plus, parmi les aspirants au naturel, des gens qui outrepassent le réel pour tomber dans l'ambiguïté des métaphysiques refuges. À l'inverse, d'ailleurs, existe un rationalisme peu convaincant qui se veut dominateur des problèmes.

Par contre, la gestion des êtres vivants, que ce soit des animaux ou des végétaux me paraît être une merveilleuse école d'objectivité. La vie, obéissant à des lois qui lui sont propres, n'a cure de nos sophismes. Nous pouvons lui imposer des falsifications, mais à court ou à long terme se font les réajustements dont nous subissons souvent la rigueur, sans pour autant comprendre le message. »

« Participer à un vaste mouvement de restauration et de maintien de la santé de la terre nourricière », écrit Pierre Rabhi. Telle est sa préoccupation majeure. Qu'en est-il pour les croyants ? C'est la question qui se pose à nous.

En 1991 s'est tenu à Washington un sommet des humains de couleur sur les problèmes de l'environnement. Jusque-là les préoccupations environnementales semblaient être réservées aux seuls nantis de notre monde, donnant l'impression que la crise écologique ne posait guère de problème aux populations pauvres. Or, il apparaît que les humains du bas de l'échelle sociale sont le plus durement touchés par les dégâts environnementaux qui ont des conséquences sur la santé, la mortalité des enfants, la qualité de vie, et simplement la survie. Au point que lors de ce sommet a été forgée l'expression de « racisme écologique », et puis aussi de « justice écologique » : comment rétablir des relations justes et équilibrées à l'intérieur de toute la création ? Peut-on continuer à différencier entre droits de l'homme et droits de la nature, alors que tout est lié, imbriqué ? N'est-ce pas ce qu'exprime cette vision d'Esaïe (ch. 11, v. 9) : « On ne fait plus de mal ni de ravages sur toute ma montagne sainte, car la terre est remplie de la connaissance de Yahvé comme les eaux comblent la mer. »

Il est temps de revoir nos visions sur le monde et la vie en général, d'élargir notre champ relationnel et d'y inclure la totalité de la création. Respect – Achtung. Prendre en considération la totalité de la création.

Michel Hoeffel

UN RÊVE

Boire parfois de l'eau
directement de la source.
Sans pesticides.

Nourrir des poules
qui vivent parmi les arbres,
et pas dans une cage.

Marcher dans les champs
avec pavots, coquelicots,
et camomilles.

Retrouver les champs
avec d'autres cultures
l'année prochaine.

Depuis la terrasse,
voir des coléoptères,
et des papillons.

Des bons champignons -
les déguster sans penser
à Fukushima.

Un rêve?

Cléo A. Wiertz

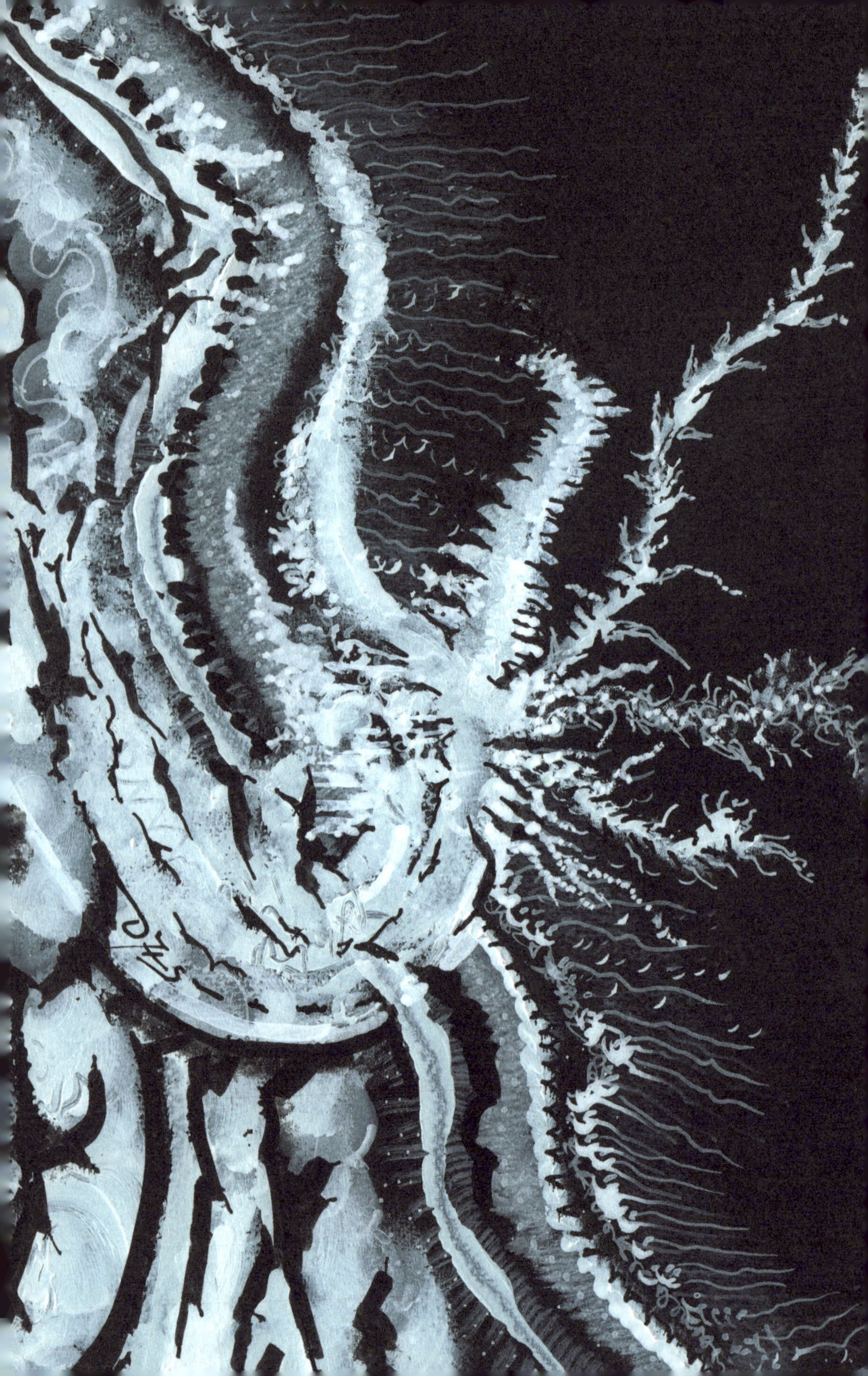

« SO WIE WAS »

Lorsque nous avons rencontré au Brennaeckerlé (« Brenni »), au-dessus de Soultzeren dans la Vallée de Munster, nos amis de Braunschweig, Hans nous a parlé d'une entreprise allemande qui a pour nom « So Wi(e) Was ». En traduction littérale « comme quelque chose », ce qui ne signifie pas grand'chose, mais qui devient parlant lorsqu'on prend les mots dans leur totalité : « Sonne, Wind und Wasser » (soleil, vent et eau) en y ajoutant bien qu'il s'agit de l'énergie. On pourrait d'ailleurs compléter en parlant aussi de géothermie.

Il nous a raconté qu'un des jeunes qui venaient dans le temps au Brenni pour participer aux rencontres organisées par lui, une fois adulte et sensibilisé par les réflexions qui y avaient été menées, a décidé de créer une entreprise de conseil sous ce nom « So Wi Was ». À l'heure qu'il est cette agence de conseil emploie 5 personnes. Comment susciter et encourager des acteurs potentiels pour que la recherche et le développement des énergies alternatives deviennent une réalité alors que toutes ces perspectives continuent trop souvent à être considérées comme illusoires et symboliques ?

Certes, par-ci par-là, nous pouvons constater des amorces vers d'autres sources d'énergie que les réserves fossiles souterraines comme le charbon, le pétrole ou le gaz, ou alors l'uranium avec tout le développement de l'énergie nucléaire. De cette dernière on dit d'ailleurs à tort dans les milieux gouvernementaux français qu'elle nous permet d'assurer notre indépendance énergétique, alors que les réserves en uranium se situent essentiellement en Afrique !

Toujours est-il que depuis bien longtemps je me sens concerné par ces problèmes simplement en raison du fait que je ne peux comprendre ma vie et celle de l'humanité qu'en relation avec le cadre de vie, l'environnement qui nous permet d'exister. Sans ce dialogue permanent avec tout ce qui dans la création m'entoure, je ne peux pas vivre. Sans cette interaction quotidienne entre ma vie et la nature, trop souvent menacée à l'heure qu'il est, la vie en général n'est pas concevable. D'où cette urgence de prise en compte des problèmes de pollution immédiats et à long terme. Il y a trop d'abus et de gaspillage par rapport à ce que la nature peut nous offrir ! Mais comment mettre un terme à l'usage trop nocif de l'énergie d'origine fossile ? Depuis longtemps, trop longtemps on s'en contente, et puis en France on s'est jeté à corps perdu dans le développement de l'énergie nucléaire. Les centrales ont été multipliées à une vitesse grand V sans prendre en compte la charge à long terme, car dès à présent apparaissent les problèmes de l'entretien des centrales de la première génération comme celle de Fessenheim. Et lorsque je pense au traitement des déchets nucléaires après fermeture des centrales, quelle charge ne mettons-nous pas sur le dos des générations qui nous suivent !

Rien que d'y penser cela devrait inciter nos responsables politiques et sociaux à accélérer la recherche et le développement de sources d'énergie alternatives. Il faudra peu à peu tourner le dos aux énergies fossiles, arrêter de charger à l'extrême les générations qui suivent avec le développement de l'énergie nucléaire, et accélérer la mise en place des sources d'énergie alternatives telles que les cellules photovoltaïques, les pompes éoliennes et les centrales hydrauliques, à quoi il faut ajouter les ressources de la géothermie et d'autres moyens.

À peine avais-je rédigé ces quelques réflexions, que nous avons eu l'occasion de voir le film *Demain* qui présente un ensemble de réalisations en cours dans différentes parties du monde. Ce mouvement, encore trop passé sous silence, mérite d'être connu et développé. N'est-ce pas l'enjeu de l'entreprise « So Wi Was », encore trop confidentielle, qui attend de se déployer aux six coins de France et sur tous les continents de notre globe ? L'énergie d'origine fossile apparaît maintenant comme trop polluante, elle contribue trop fortement au phénomène du réchauffement climatique. Celle développée sur la base du nucléaire comporte des risques difficiles à maîtriser à la longue, et charge ainsi durablement l'avenir rien qu'avec le stockage des déchets nucléaires. Alors pourquoi cette valse-hésitation lorsqu'il s'agit de déployer les énergies alternatives ?

Et puis n'oublions pas que chacun peut contribuer pour une part au changement d'orientation en veillant aux économies d'énergie, en étant vigilant par rapport à tous les gaspillages d'énergie !

Michel Hoeffel

LE DERNIER ARBRE

Si nous continuons comme ça,
il n'en restera qu'un seul, quelque part,
au bord d'un immense désert...

Y aura-t-il encore un humain pour le voir,
desséché, presque mort?

Chaque arbre plus précieux
que de l'or, que des diamants.

Chaque arbre notre ami, notre allié...
Sommes-nous dignes?

Cléo A. Wiertz

POSITIONS

MH. La paix: rêve ou réalité? Avec tout ce que nous constatons et vivons à l'heure qu'il est, cette question peut toujours se poser. Et lorsque j'entends dire que jamais conflits et violences n'ont été aussi éclatants et atroces que de nos jours, je rappelle que mon enfance, je l'ai vécue durant la Seconde Guerre mondiale: batailles sanglantes et bombardements lourds, camps de concentration et mises à mort massives! Hécatombes par-ci et déplacements massifs de la population par-là.

Comment alors me faire croire que jamais la violence n'a été aussi éclatante que de nos jours? Et qui ne se souvient pas que nos cours d'histoire étaient jalonnés de dates se référant à des guerres et à des conflits?

CAW. Moi je suis née en 1954 en Allemagne – bien après la guerre, et faisant partie de la «Wohlstandsgesellschaft» (société d'abondance), même si nous n'étions pas riches, plutôt le contraire, dans ma famille. Nous vivions très proches de la nature – de manière un peu naïve, je dirais aujourdhui… Mais ça m'a marquée.

La sensibilisation aux atrocités de la guerre et du régime nazi, par contre, elle a eu lieu à l'école, pas en famille! J'ai fait des études de psychologie, pas vraiment avec une idée politique (je me considérais plutôt comme «apolitique»), mais avec l'idée que ça pourrait servir à mieux comprendre l'être humain dans l'ensemble, et à contribuer à une vie individuelle et collective plus «raisonnable», moins dominée par la haine, l'ambition folle, la peur… J'ai eu la chance que mes parents m'aient considérée très tôt comme «adulte», et responsable de mes actes. Je suis d'un naturel plutôt agressif (au sens propre: regarder la vérité en face, attaquer les problèmes frontalement), mais la violence physique et psychique m'apparaît depuis longtemps comme une réaction née de la peur, d'un manque d'assurance.

MH. Je refuse de me plier devant la violence comme si elle était une réalité incontournable alors que la recherche de la paix ne serait de l'ordre que du rêve, de l'utopie. Pour vivre j'ai de toute façon besoin de rêver, de me laisser emporter par un objectif, peut-être inatteignable, mais qui donne sens et orientation à mon existence. Et si cette façon de concevoir la vie peut ne pas se limiter à ma propre existence, mais avoir des répercussions sur la vie en commun, sur mes relations à autrui, alors tant mieux ! Je peux avoir dans la société l'effet du levain dans la pâte, du ferment dans la vie commune. Car que serait la vie sans ce plus ? Sombrer dans la violence, dans la destruction permanente, dans le nihilisme, quel sens cela peut-il avoir ? Par contre construire, aimer, rechercher la paix et la concorde, voilà qui me paraît indispensable à la vie en société. Oui, avec cette quête permanente je suis tout simplement placé devant la question du sens de mon existence.

CAW. En tant que psychologue, je sais bien qu'on ne se construit pas tout seul. On naît dans un contexte historique, social, et familial. La non-violence, la paix et la concorde, tout ça ne nous est pas donné, il faut l'apprendre, et ré-apprendre tous les jours… Et heureusement, malgré la violence, le mépris, la non-compréhension et les préjugés qu'on rencontre si souvent, il y a aussi nombre d'exemples de bonne volonté, de vraie tolérance et de solidarité. Nous ne finirons jamais par être d'accord sur tout, il n'y aura jamais l'unanimité sur la « bonne voie » je pense – et c'est bien ainsi, parce que, comme disait l'autre, il y a plus qu'un chemin qui nous mène à Rome – ou ailleurs, où il fait bon vivre… La diversité de croyances et de maximes de vie peut être une immense chance – à condition qu'il y ait un respect de base pour l'autre, pour la vie, et pour la nature qui nous entoure et dont nous faisons partie.

MH. À mesure que j'avance dans ma vie, il m'apparaît que seul, livré à moi-même, je ne peux que tourner en rond et finir dans la déception et le découragement le plus total. Heureusement qu'il y a les autres, les plus proches comme les plus divers que je trouve sur ma route. Et, en ce qui me concerne, heureusement que je peux me référer à la Bible et trouver en Jésus de Nazareth un repère indispensable pour ma façon de vivre et de m'engager. Ces références je n'ai jamais fini de les découvrir, je suis toujours surpris, je ne les reçois jamais comme des recettes définitives, mais comme des invitations permanentes à rechercher sans arrêt le pour et le contre, à faire mes choix, à mettre le poids du côté positif de la balance avec la conviction que quoi qu'il en soit, c'est la vie qui est plus forte que la mort, que la paix a plus de prix que tous les anéantissements. Oui, que cesse en nous le balancement sans fin de nos oui et de nos non !

CAW. À l'occasion d'une fête de réveillon, il y a quelques années, entre amis, on s'est posé la question comment on pourrait (étant tous à la retraite au moins partielle) être utile, chacun de sa façon, pour créer un meilleur monde pour tous. Fallait-il s'engager dans le bénévolat, dans des associations, ou encore créer des plateformes de dialogue, sur internet où ailleurs, pour la propagation de nos idées sur l'écologie, sur la justice sociale, sur la fraternité ? Moi, après mûre réflexion, j'ai décidé de tout simplement continuer à faire ce que je sais le mieux faire (peut-être je me vante un peu, tant pis) : écrire et, à l'occasion, créer d'autres œuvres d'art, pour ainsi contribuer à faire évoluer une pensée humanitaire et écologique, et pour partager mon immense bonheur de vivre sur cette terre tellement belle, tellement riche, malgré tout. Je m'imagine que ça peut aider un tout petit peu.

Michel Hoeffel

CONCLUSION

Puissent ces quelques réflexions et rêveries inspirer le lecteur pour qu'il ait le courage de s'arracher au cercle vicieux habituel qui consiste à dire qu'en fait la théorie est juste, mais qu'en pratique elle est irréalisable. Que de monde pour dire sans cesse : il faudrait, on devrait, on pourrait, alors que peu nombreux sont celles et ceux qui passent à l'acte ! Que de monde pour affirmer que nous sommes dans l'impasse, alors que rien n'est à considérer comme une fatalité. Tant qu'il y a de la vie, l'avenir peut s'ouvrir à d'autres dimensions, en tout cas être autre que ce que nous vivons aujourd'hui. Regardez la nature, elle est truffée d'exemples de germes de vie qui ont mis du temps à mûrir, à pousser à l'éclatement des coquilles qui voulaient la protéger, la garder. Alors, qu'est-ce qui empêche les bonnes réflexions qui s'agitent en nous de se transformer en actes et en engagements en faveur de la fraternité, de la justice, de la sauvegarde de la nature, de la paix dans le plein sens du terme : paix entre les humains et paix avec notre cadre de vie et notre environnement.

Michel Hoeffel

LISTE DES POÈMES

Version d'origine en allemand
Traduction française par C.A. Wiertz
(sauf mention contraire)

7.5.1945
Neutre
Souhait
Impardonnable – Traduction par Christian Schneider
Qui sème la haine, récolte la haine
Ville de mes rêves
Un rêve

Version d'origine en français
Traduction allemande par C.A. Wiertz

Appel
Homo sapiens
Encore, et encore...
3 minutes suffisent...
Après le 13 novembre
Vivre
Toi, particule
Accueil
Le dernier arbre

Version d'origine en anglais
Traduction française et allemande par C.A. Wiertz

Que sais-je de la vie ?

TABLE DES MATIÈRES

Cet ouvrage a été édité
en versions française et allemande.

Éditions du Signe
B.P. 10094 – Eckbolsheim
67038 Strasbourg Cedex
Tél. 03 88 78 91 91 – Fax. 03 88 78 91 99
E-mail : info@editionsdusigne.fr
www.editionsdusigne.fr

Textes : Michel HOEFFEL et Cléo A. WIERTZ
Illustrations : Dorothée HOEFFEL-SOUIRJI

ISBN : 978-2-7468-3509-2

Imprimé en U.E.